中华人民共和国兵役法
征兵工作条例

中国法制出版社

中华人民共和国兵役法
征兵工作条例
ZHONGHUA RENMIN GONGHEGUO BINGYIFA
ZHENGBING GONGZUO TIAOLI

经销/新华书店
印刷/保定市中画美凯印刷有限公司
开本/850 毫米×1168 毫米　32 开　　印张/1.5　字数/19 千
版次/2023 年 4 月第 1 版　　2023 年 4 月第 1 次印刷

中国法制出版社出版
书号 ISBN 978-7-5216-3418-1　　定价：6.00 元

北京市西城区西便门西里甲 16 号西便门办公区
邮政编码：100053　　传真：010-63141600
网址：http：//www.zgfzs.com　　编辑部电话：010-63141673
市场营销部电话：010-63141612　　印务部电话：010-63141606

（如有印装质量问题，请与本社印务部联系。）

目　录

中华人民共和国兵役法

（1984年5月31日第六届全国人民代表大会第二次会议通过　根据1998年12月29日第九届全国人民代表大会常务委员会第六次会议《关于修改〈中华人民共和国兵役法〉的决定》第一次修正　根据2009年8月27日第十一届全国人民代表大会常务委员会第十次会议《关于修改部分法律的决定》第二次修正　根据2011年10月29日第十一届全国人民代表大会常务委员会第二十三次会议《关于修改〈中华人民共和国兵役法〉的决定》第三次修正　2021年8月20日第十三届全国人民代表大会常务委员会第三十次会议修订　2021年8月20日中华人民共和国主席令第95号公布　自2021年10月1日起施行）

目　录

第一章　总　　则

第一条　为了规范和加强国家兵役工作，保证公民依法服兵役，保障军队兵员补充和储备，建设巩固国防和强大军队，根据宪法，制定本法。

第二条　保卫祖国、抵抗侵略是中华人民共和国每一个公民的神圣职责。

第三条　中华人民共和国实行以志愿兵役为主体的志愿兵役与义务兵役相结合的兵役制度。

第四条　兵役工作坚持中国共产党的领导，贯彻习近平强军思想，贯彻新时代军事战略方针，坚持与国家经济社会发展相协调，坚持与国防和军队建设相适应，遵循服从国防需要、聚焦备战打仗、彰显服役光荣、体现权利和义务一致的原则。

第五条 中华人民共和国公民，不分民族、种族、职业、家庭出身、宗教信仰和教育程度，都有义务依照本法的规定服兵役。

有严重生理缺陷或者严重残疾不适合服兵役的公民，免服兵役。

依照法律被剥夺政治权利的公民，不得服兵役。

第六条 兵役分为现役和预备役。在中国人民解放军服现役的称军人；预编到现役部队或者编入预备役部队服预备役的，称预备役人员。

第七条 军人和预备役人员，必须遵守宪法和法律，履行公民的义务，同时享有公民的权利；由于服兵役而产生的权利和义务，由本法和其他相关法律法规规定。

第八条 军人必须遵守军队的条令和条例，忠于职守，随时为保卫祖国而战斗。

预备役人员必须按照规定参加军事训练、担负战备勤务、执行非战争军事行动任务，随时准备应召参战，保卫祖国。

军人和预备役人员入役时应当依法进行服役宣誓。

第九条 全国的兵役工作，在国务院、中央军事委员会领导下，由国防部负责。

省军区（卫戍区、警备区）、军分区（警备区）和县、自治县、不设区的市、市辖区的人民武装部，兼各该级人民政府的兵役机关，在上级军事机关和同级人民政府领导下，负责办理本行政区域的兵役工作。

机关、团体、企业事业组织和乡、民族乡、镇的人民政府，依照本法的规定完成兵役工作任务。兵役工作业务，在设有人民武装部的单位，由人民武装部办理；不设人民武装部的单位，确定一个部门办理。普通高等学校应当有负责兵役工作的机构。

第十条　县级以上地方人民政府兵役机关应当会同相关部门，加强对本行政区域内兵役工作的组织协调和监督检查。

县级以上地方人民政府和同级军事机关应当将兵役工作情况作为拥军优属、拥政爱民评比和有关单位及其负责人考核评价的内容。

第十一条　国家加强兵役工作信息化建设，采取有效措施实现有关部门之间信息共享，推进兵役信息收集、处理、传输、存储等技术的现代化，为提高兵役工作质量效益提供支持。

兵役工作有关部门及其工作人员应当对收集的个人信息严格保密，不得泄露或者向他人非法提供。

第十二条 国家采取措施，加强兵役宣传教育，增强公民依法服兵役意识，营造服役光荣的良好社会氛围。

第十三条 军人和预备役人员建立功勋的，按照国家和军队关于功勋荣誉表彰的规定予以褒奖。

组织和个人在兵役工作中作出突出贡献的，按照国家和军队有关规定予以表彰和奖励。

第二章 兵役登记

第十四条 国家实行兵役登记制度。兵役登记包括初次兵役登记和预备役登记。

第十五条 每年十二月三十一日以前年满十八周岁的男性公民，都应当按照兵役机关的安排在当年进行初次兵役登记。

机关、团体、企业事业组织和乡、民族乡、镇的人民政府，应当根据县、自治县、不设区的市、市辖区人民政府兵役机关的安排，负责组织本单位和本行政区域的适龄男性公民进行初次兵役登记。

初次兵役登记可以采取网络登记的方式进行，也可以到兵役登记站（点）现场登记。进行兵役登记，应当如实填写个人信息。

第十六条 经过初次兵役登记的未服现役的公民，符合预备役条件的，县、自治县、不设区的市、市辖区人民政府兵役机关可以根据需要，对其进行预备役登记。

第十七条 退出现役的士兵自退出现役之日起四十日内，退出现役的军官自确定安置地之日起三十日内，到安置地县、自治县、不设区的市、市辖区人民政府兵役机关进行兵役登记信息变更；其中，符合预备役条件，经部队确定需要办理预备役登记的，还应当办理预备役登记。

第十八条 县级以上地方人民政府兵役机关负责本行政区域兵役登记工作。

县、自治县、不设区的市、市辖区人民政府兵役机关每年组织兵役登记信息核验，会同有关部门对公民兵役登记情况进行查验，确保兵役登记及时，信息准确完整。

第三章 平时征集

第十九条 全国每年征集服现役的士兵的人数、次数、时间和要求，由国务院和中央军事委员会的命令规定。

县级以上地方各级人民政府组织兵役机关和有关部门组成征集工作机构，负责组织实施征集工作。

第二十条 年满十八周岁的男性公民，应当被征集服现役；当年未被征集的，在二十二周岁以前仍可以被征集服现役。普通高等学校毕业生的征集年龄可以放宽至二十四周岁，研究生的征集年龄可以放宽至二十六周岁。

根据军队需要，可以按照前款规定征集女性公民服现役。

根据军队需要和本人自愿，可以征集年满十七周岁未满十八周岁的公民服现役。

第二十一条 经初次兵役登记并初步审查符合征集条件的公民，称应征公民。

在征集期间，应征公民应当按照县、自治县、不设区的市、市辖区征集工作机构的通知，按时参加体格检查等征集活动。

应征公民符合服现役条件，并经县、自治县、不设区的市、市辖区征集工作机构批准的，被征集服现役。

第二十二条 在征集期间，应征公民被征集服现役，同时被机关、团体、企业事业组织招录或者聘用的，应当优先履行服兵役义务；有关机关、团体、企业事业组织应当服从国防和军队建设的需要，支持兵员征集工作。

第二十三条 应征公民是维持家庭生活唯一劳动力的，可以缓征。

第二十四条 应征公民因涉嫌犯罪正在被依法监察调查、侦查、起诉、审判或者被判处徒刑、拘役、管制正在服刑的，不征集。

第四章 士兵的现役和预备役

第二十五条 现役士兵包括义务兵役制士兵和志愿兵役制士兵，义务兵役制士兵称义务兵，志愿兵役制士兵称军士。

第二十六条 义务兵服现役的期限为二年。

第二十七条 义务兵服现役期满，根据军队需要和本人自愿，经批准可以选改为军士；服现役期间表现特别优秀的，经批准可以提前选改为军士。根据军队需要，可以直接从非军事部门具有专业技能的公民中招收军士。

军士实行分级服现役制度。军士服现役的期限一般不超过三十年，年龄不超过五十五周岁。

军士分级服现役的办法和直接从非军事部门招收

军士的办法，按照国家和军队有关规定执行。

第二十八条 士兵服现役期满，应当退出现役。

士兵因国家建设或者军队编制调整需要退出现役的，经军队医院诊断证明本人健康状况不适合继续服现役的，或者因其他特殊原因需要退出现役的，经批准可以提前退出现役。

第二十九条 士兵服现役的时间自征集工作机构批准入伍之日起算。

士兵退出现役的时间为部队下达退出现役命令之日。

第三十条 依照本法第十七条规定经过预备役登记的退出现役的士兵，由部队会同兵役机关根据军队需要，遴选确定服士兵预备役；经过考核，适合担任预备役军官职务的，服军官预备役。

第三十一条 依照本法第十六条规定经过预备役登记的公民，符合士兵预备役条件的，由部队会同兵役机关根据军队需要，遴选确定服士兵预备役。

第三十二条 预备役士兵服预备役的最高年龄，依照其他有关法律规定执行。

预备役士兵达到服预备役最高年龄的，退出预备役。

第五章　军官的现役和预备役

第三十三条　现役军官从下列人员中选拔、招收：

（一）军队院校毕业学员；

（二）普通高等学校应届毕业生；

（三）表现优秀的现役士兵；

（四）军队需要的专业技术人员和其他人员。

战时根据需要，可以从现役士兵、军队院校学员、征召的预备役军官和其他人员中直接任命军官。

第三十四条　预备役军官包括下列人员：

（一）确定服军官预备役的退出现役的军官；

（二）确定服军官预备役的退出现役的士兵；

（三）确定服军官预备役的专业技术人员和其他人员。

第三十五条　军官服现役和服预备役的最高年龄，依照其他有关法律规定执行。

第三十六条　现役军官按照规定服现役已满最高年龄或者衔级最高年限的，退出现役；需要延长服现役或者暂缓退出现役的，依照有关法律规定执行。

现役军官按照规定服现役未满最高年龄或者衔级最高年限，因特殊情况需要退出现役的，经批准可以退出现役。

第三十七条　依照本法第十七条规定经过预备役登记的退出现役的军官、依照本法第十六条规定经过预备役登记的公民，符合军官预备役条件的，由部队会同兵役机关根据军队需要，遴选确定服军官预备役。

预备役军官按照规定服预备役已满最高年龄的，退出预备役。

第六章　军队院校从青年学生中招收的学员

第三十八条　根据军队建设的需要，军队院校可以从青年学生中招收学员。招收学员的年龄，不受征集服现役年龄的限制。

第三十九条　学员完成学业达到军队培养目标的，由院校发给毕业证书；按照规定任命为现役军官或者军士。

第四十条　学员未达到军队培养目标或者不符合军队培养要求的，由院校按照国家和军队有关规定发给相应证书，并采取多种方式分流；其中，回入学前户口所在地的学员，就读期间其父母已办理户口迁移手续的，可以回父母现户口所在地，由县、自治县、不设区的市、市辖区的人民政府按照国家有关规定接收安置。

第四十一条 学员被开除学籍的，回入学前户口所在地；就读期间其父母已办理户口迁移手续的，可以回父母现户口所在地，由县、自治县、不设区的市、市辖区的人民政府按照国家有关规定办理。

第四十二条 军队院校从现役士兵中招收的学员，适用本法第三十九条、第四十条、第四十一条的规定。

第七章 战时兵员动员

第四十三条 为了应对国家主权、统一、领土完整、安全和发展利益遭受的威胁，抵抗侵略，各级人民政府、各级军事机关，在平时必须做好战时兵员动员的准备工作。

第四十四条 在国家发布动员令或者国务院、中央军事委员会依照《中华人民共和国国防动员法》采取必要的国防动员措施后，各级人民政府、各级军事机关必须依法迅速实施动员，军人停止退出现役，休假、探亲的军人立即归队，预备役人员随时准备应召服现役，经过预备役登记的公民做好服预备役被征召的准备。

第四十五条 战时根据需要，国务院和中央军事委员会可以决定适当放宽征召男性公民服现役的年龄上限，可以决定延长公民服现役的期限。

第四十六条 战争结束后，需要复员的军人，根据国务院和中央军事委员会的复员命令，分期分批地退出现役，由各级人民政府妥善安置。

第八章 服役待遇和抚恤优待

第四十七条 国家保障军人享有符合军事职业特点、与其履行职责相适应的工资、津贴、住房、医疗、保险、休假、疗养等待遇。军人的待遇应当与国民经济发展相协调，与社会进步相适应。

女军人的合法权益受法律保护。军队应当根据女军人的特点，合理安排女军人的工作任务和休息休假，在生育、健康等方面为女军人提供特别保护。

第四十八条 预备役人员参战、参加军事训练、担负战备勤务、执行非战争军事行动任务，享受国家规定的伙食、交通等补助。预备役人员是机关、团体、企业事业组织工作人员的，参战、参加军事训练、担负战备勤务、执行非战争军事行动任务期间，所在单位应当保持其原有的工资、奖金和福利待遇。预备役人员的其他待遇保障依照有关法律法规和国家有关规定执行。

第四十九条 军人按照国家有关规定，在医疗、金融、交通、参观游览、法律服务、文化体育设施服务、邮政服务等方面享受优待政策。公民入伍时保留户籍。

军人因战、因公、因病致残的，按照国家规定评定残疾等级，发给残疾军人证，享受国家规定的待遇、优待和残疾抚恤金。因工作需要继续服现役的残疾军人，由所在部队按照规定发给残疾抚恤金。

军人牺牲、病故，国家按照规定发给其遗属抚恤金。

第五十条 国家建立义务兵家庭优待金制度。义务兵家庭优待金标准由地方人民政府制定，中央财政给予定额补助。具体补助办法由国务院退役军人工作主管部门、财政部门会同中央军事委员会机关有关部门制定。

义务兵和军士入伍前是机关、团体、事业单位或者国有企业工作人员的，退出现役后可以选择复职复工。

义务兵和军士入伍前依法取得的农村土地承包经营权，服现役期间应当保留。

第五十一条 现役军官和军士的子女教育，家属的随军、就业创业以及工作调动，享受国家和社会的优待。

符合条件的军人家属，其住房、医疗、养老按照有关规定享受优待。

军人配偶随军未就业期间，按照国家有关规定享受相应的保障待遇。

第五十二条 预备役人员因参战、参加军事训练、担负战备勤务、执行非战争军事行动任务致残、牺牲的，由当地人民政府依照有关规定给予抚恤优待。

第九章 退役军人的安置

第五十三条 对退出现役的义务兵，国家采取自主就业、安排工作、供养等方式妥善安置。

义务兵退出现役自主就业的，按照国家规定发给一次性退役金，由安置地的县级以上地方人民政府接收，根据当地的实际情况，可以发给经济补助。国家根据经济社会发展，适时调整退役金的标准。

服现役期间平时获得二等功以上荣誉或者战时获得三等功以上荣誉以及属于烈士子女的义务兵退出现役，由安置地的县级以上地方人民政府安排工作；待安排工作期间由当地人民政府按照国家有关规定发给生活补助费；根据本人自愿，也可以选择自主就业。

因战、因公、因病致残的义务兵退出现役，按照国家规定的评定残疾等级采取安排工作、供养等方式予以妥善安置；符合安排工作条件的，根据本人自愿，也可以选择自主就业。

第五十四条 对退出现役的军士，国家采取逐月领取退役金、自主就业、安排工作、退休、供养等方式妥善安置。

军士退出现役，服现役满规定年限的，采取逐月领取退役金方式予以妥善安置。

军士退出现役，服现役满十二年或者符合国家规定的其他条件的，由安置地的县级以上地方人民政府安排工作；待安排工作期间由当地人民政府按照国家有关规定发给生活补助费；根据本人自愿，也可以选择自主就业。

军士服现役满三十年或者年满五十五周岁或者符合国家规定的其他条件的，作退休安置。

因战、因公、因病致残的军士退出现役，按照国家规定的评定残疾等级采取安排工作、退休、供养等方式予以妥善安置；符合安排工作条件的，根据本人自愿，也可以选择自主就业。

军士退出现役，不符合本条第二款至第五款规定条件的，依照本法第五十三条规定的自主就业方式予以妥善安置。

第五十五条 对退出现役的军官，国家采取退休、转业、逐月领取退役金、复员等方式妥善安置；其安置方式的适用条件，依照有关法律法规的规定执行。

第五十六条 残疾军人、患慢性病的军人退出现役后，由安置地的县级以上地方人民政府按照国务院、中央军事委员会的有关规定负责接收安置；其中，患过慢性病旧病复发需要治疗的，由当地医疗机构负责给予治疗，所需医疗和生活费用，本人经济困难的，按照国家规定给予补助。

第十章 法律责任

第五十七条 有服兵役义务的公民有下列行为之一的，由县级人民政府责令限期改正；逾期不改正的，由县级人民政府强制其履行兵役义务，并处以罚款：

（一）拒绝、逃避兵役登记的；

（二）应征公民拒绝、逃避征集服现役的；

（三）预备役人员拒绝、逃避参加军事训练、担负战备勤务、执行非战争军事行动任务和征召的。

有前款第二项行为，拒不改正的，不得录用为公务员或者参照《中华人民共和国公务员法》管理的工作人员，不得招录、聘用为国有企业和事业单位工作人员，两年内不准出境或者升学复学，纳入履行国防义务严重失信主体名单实施联合惩戒。

第五十八条 军人以逃避服兵役为目的，拒绝履行职责或者逃离部队的，按照中央军事委员会的规定给予处分。

军人有前款行为被军队除名、开除军籍或者被依法追究刑事责任的，依照本法第五十七条第二款的规定处罚；其中，被军队除名的，并处以罚款。

明知是逃离部队的军人而招录、聘用的，由县级人民政府责令改正，并处以罚款。

第五十九条 机关、团体、企业事业组织拒绝完成本法规定的兵役工作任务的，阻挠公民履行兵役义务的，或者有其他妨害兵役工作行为的，由县级以上地方人民政府责令改正，并可以处以罚款；对单位负有责任的领导人员、直接负责的主管人员和其他直接责任人员，依法予以处罚。

第六十条 扰乱兵役工作秩序，或者阻碍兵役工作人员依法执行职务的，依照《中华人民共和国治安管理处罚法》的规定处罚。

第六十一条 国家工作人员和军人在兵役工作中，

有下列行为之一的，依法给予处分：

（一）贪污贿赂的；

（二）滥用职权或者玩忽职守的；

（三）徇私舞弊，接送不合格兵员的；

（四）泄露或者向他人非法提供兵役个人信息的。

第六十二条 违反本法规定，构成犯罪的，依法追究刑事责任。

第六十三条 本法第五十七条、第五十八条、第五十九条规定的处罚，由县级以上地方人民政府兵役机关会同有关部门查明事实，经同级地方人民政府作出处罚决定后，由县级以上地方人民政府兵役机关、发展改革、公安、退役军人工作、卫生健康、教育、人力资源和社会保障等部门按照职责分工具体执行。

第十一章 附 则

第六十四条 本法适用于中国人民武装警察部队。

第六十五条 本法自2021年10月1日起施行。

征兵工作条例

（1985 年 10 月 24 日国务院、中央军委发布
根据 2001 年 9 月 5 日《国务院、中央军事委员会关于修改〈征兵工作条例〉的决定》第一次修订
2023 年 4 月 1 日中华人民共和国国务院、中华人民共和国中央军事委员会令第 759 号第二次修订）

第一章　总　　则

第一条　为了规范和加强征兵工作，根据《中华人民共和国兵役法》，制定本条例。

第二条　征兵工作坚持中国共产党的领导，贯彻习近平强军思想，贯彻新时代军事战略方针，服从国防需要，聚焦备战打仗，依法、精准、高效征集高素质兵员。

第三条　征兵是保障军队兵员补充、建设巩固国防和强大军队的一项重要工作。根据国防需要征集公民服现役的工作，适用本条例。

各级人民政府和军事机关应当依法履行征兵工作

职责，完成征兵任务。

公民应当依法服兵役，自觉按照本条例的规定接受征集。

第四条 全国的征兵工作，在国务院、中央军事委员会领导下，由国防部负责，具体工作由国防部征兵办公室承办。国务院、中央军事委员会建立全国征兵工作部际联席会议制度，统筹协调全国征兵工作。

省、市、县各级征兵工作领导小组负责统筹协调本行政区域的征兵工作。县级以上地方人民政府组织兵役机关和宣传、教育、公安、人力资源社会保障、交通运输、卫生健康以及其他有关部门组成征兵办公室，负责组织实施本行政区域的征兵工作，承担本级征兵工作领导小组日常工作。有关部门在本级人民政府征兵办公室的统一组织下，按照职责分工做好征兵有关工作。

机关、团体、企业事业组织和乡、民族乡、镇的人民政府以及街道办事处，应当根据县、自治县、不设区的市、市辖区人民政府的安排和要求，办理本单位和本行政区域的征兵工作。设有人民武装部的单位，征兵工作由人民武装部办理；不设人民武装部的单位，确定一个部门办理。普通高等学校负责征兵工作的机构，应当协助兵役机关办理征兵工作有关事项。

第五条 全国每年征兵的人数、次数、时间和要求，由国务院、中央军事委员会的征兵命令规定。

县级以上地方人民政府和同级军事机关根据上级的征兵命令，科学分配征兵任务，下达本级征兵命令，部署本行政区域的征兵工作。

县级以上地方人民政府和同级军事机关建立征兵任务统筹机制，优先保证普通高等学校毕业生和对政治、身体条件或者专业技能有特别要求的兵员征集；对本行政区域内普通高等学校，可以直接分配征兵任务；对遭受严重灾害或者有其他特殊情况的地区，可以酌情调整征兵任务。

第六条 县级以上地方人民政府兵役机关应当会同有关部门加强对本行政区域内征兵工作的监督检查。

县级以上地方人民政府和同级军事机关应当将征兵工作情况作为有关单位及其负责人考核评价的内容。

第七条 军地有关部门应当将征兵信息化建设纳入国家电子政务以及军队信息化建设，实现兵役机关与宣传、发展改革、教育、公安、人力资源社会保障、卫生健康、退役军人工作以及军地其他部门间的信息共享和业务协同。

征兵工作有关部门及其工作人员应当对收集的个人信息依法予以保密，不得泄露或者向他人非法提供。

第八条 机关、团体、企业事业组织应当深入开展爱国主义、革命英雄主义、军队光荣历史和服役光荣的教育，增强公民国防观念和依法服兵役意识。

县级以上地方人民政府兵役机关应当会同宣传部门，协调组织网信、教育、文化等部门，开展征兵宣传工作，鼓励公民积极应征。

第九条 对在征兵工作中作出突出贡献的组织和个人，按照国家和军队有关规定给予表彰和奖励。

第二章 征兵准备

第十条 县级以上地方人民政府征兵办公室应当适时调整充实工作人员，开展征兵业务培训；根据需要，按照国家有关规定采取政府购买服务等方式开展征兵辅助工作。

第十一条 县、自治县、不设区的市、市辖区人民政府兵役机关应当适时发布兵役登记公告，组织机关、团体、企业事业组织和乡、民族乡、镇的人民政府以及街道办事处，对本单位和本行政区域当年 12 月 31 日以前年满 18 周岁的男性公民进行初次兵役登记，对参加过初次兵役登记的适龄男性公民进行信息核验更新。

公民初次兵役登记由其户籍所在地县、自治县、不设区的市、市辖区人民政府兵役机关负责，可以采取网络登记的方式进行，也可以到兵役登记站（点）现场登记。本人因身体等特殊原因不能自主完成登记的，可以委托其亲属代为登记，户籍所在地乡、民族乡、镇的人民政府以及街道办事处应当予以协助。

第十二条 县、自治县、不设区的市、市辖区人民政府兵役机关对经过初次兵役登记的男性公民，依法确定应服兵役、免服兵役或者不得服兵役，在公民兵役登记信息中注明，并出具兵役登记凭证。县、自治县、不设区的市、市辖区人民政府有关部门按照职责分工，为兵役机关核实公民兵役登记信息提供协助。

根据军队需要，可以按照规定征集女性公民服现役。

第十三条 依照法律规定应服兵役的公民，经初步审查具备下列征集条件的，为应征公民：

（一）拥护中华人民共和国宪法，拥护中国共产党领导和社会主义制度；

（二）热爱国防和军队，遵纪守法，具有良好的政治素质和道德品行；

（三）符合法律规定的征集年龄；

（四）具有履行军队岗位职责的身体条件、心理素质和文化程度等；

（五）法律规定的其他条件。

第十四条 应征公民缓征、不征集的，依照有关法律的规定执行。

第十五条 应征公民应当在户籍所在地应征；经常居住地与户籍所在地不在同一省、自治区、直辖市，符合规定条件的，可以在经常居住地应征。应征公民为普通高等学校的全日制在校生、应届毕业生的，可以在入学前户籍所在地或者学校所在地应征。

第十六条 县级以上人民政府公安、卫生健康、教育等部门按照职责分工，对应征公民的思想政治、健康状况和文化程度等信息进行初步核查。

应征公民根据乡、民族乡、镇和街道办事处人民武装部（以下统称基层人民武装部）或者普通高等学校负责征兵工作的机构的通知，在规定时限内，自行到全国范围内任一指定的医疗机构参加初步体检，初步体检结果在全国范围内互认。

第十七条 基层人民武装部和普通高等学校负责征兵工作的机构选定初步核查、初步体检合格且思想政治好、身体素质强、文化程度高的应征公民为当年预定征集的对象，并通知本人。

县、自治县、不设区的市、市辖区人民政府兵役机关和基层人民武装部、普通高等学校负责征兵工作的机构应当加强对预定征集的应征公民的管理、教育和考察，了解掌握基本情况。

预定征集的应征公民应当保持与所在地基层人民武装部或者普通高等学校负责征兵工作的机构的联系，并根据县、自治县、不设区的市、市辖区人民政府兵役机关的通知按时应征。

预定征集的应征公民所在的机关、团体、企业事业组织应当督促其按时应征，并提供便利。

第三章 体格检查

第十八条 征兵体格检查由征集地的县级以上地方人民政府征兵办公室统一组织，本级卫生健康行政部门具体负责实施，有关单位予以协助。

第十九条 县级以上地方人民政府征兵办公室会同本级卫生健康行政部门指定符合标准条件和管理要求的医院或者体检机构设立征兵体检站。本行政区域内没有符合标准条件和管理要求的医院和体检机构的，经省级人民政府征兵办公室和卫生健康行政部门批准，可以选定适合场所设立临时征兵体检站。

设立征兵体检站的具体办法，由中央军事委员会机关有关部门会同国务院有关部门制定。

第二十条 基层人民武装部应当组织预定征集的应征公民按时到征兵体检站进行体格检查。送检人数由县、自治县、不设区的市、市辖区人民政府征兵办公室根据上级赋予的征兵任务和当地预定征集的应征公民体质情况确定。

体格检查前，县级以上地方人民政府征兵办公室应当组织对体检对象的身份、户籍、文化程度、专业技能、病史等相关信息进行现场核对。

第二十一条 负责体格检查工作的医务人员，应当严格执行应征公民体格检查标准、检查办法和其他有关规定，保证体格检查工作的质量。

对兵员身体条件有特别要求的，县级以上地方人民政府征兵办公室应当安排部队接兵人员参与体格检查工作。

第二十二条 县级以上地方人民政府征兵办公室根据需要组织对体格检查合格的应征公民进行抽查；抽查发现不合格人数比例较高的，应当全部进行复查。

第四章 政治考核

第二十三条 征兵政治考核由征集地的县级以上

地方人民政府征兵办公室统一组织，本级公安机关具体负责实施，有关单位予以协助。

第二十四条 征兵政治考核主要考核预定征集的应征公民政治态度、现实表现及其家庭成员等情况。

第二十五条 对预定征集的应征公民进行政治考核，有关部门应当按照征兵政治考核的规定，核实核查情况，出具考核意见，形成考核结论。

对政治条件有特别要求的，县、自治县、不设区的市、市辖区人民政府征兵办公室还应当组织走访调查；走访调查应当安排部队接兵人员参加并签署意见，未经部队接兵人员签署意见的，不得批准入伍。

第五章 审定新兵

第二十六条 县级以上地方人民政府征兵办公室应当在审定新兵前，集中组织体格检查、政治考核合格的人员进行役前教育。役前教育的时间、内容、方式以及相关保障等由省级人民政府征兵办公室规定。

第二十七条 县、自治县、不设区的市、市辖区人民政府征兵办公室应当组织召开会议集体审定新兵，对体格检查、政治考核合格的人员军事职业适应能力、文化程度、身体和心理素质等进行分类考评、综合衡量，择优确定拟批准服现役的应征公民，并合理分配入伍去向。审定新兵的具体办法由国防部征兵办公室制定。

第二十八条 烈士、因公牺牲军人、病故军人的子女、兄弟姐妹和现役军人子女，本人自愿应征并且符合条件的，应当优先批准服现役。

第二十九条 退出现役的士兵，本人自愿应征并且符合条件的，可以批准再次入伍，优先安排到原服现役单位或者同类型岗位服现役；具备任军士条件的，可以直接招收为军士。

第三十条 县、自治县、不设区的市、市辖区人民政府征兵办公室应当及时向社会公示拟批准服现役的应征公民名单，公示期不少于5个工作日。对被举报和反映有问题的拟批准服现役的应征公民，经调查核实不符合服现役条件或者有违反廉洁征兵有关规定情形的，取消入伍资格，出现的缺额从拟批准服现役的应征公民中依次递补。

第三十一条 公示期满，县、自治县、不设区的市、市辖区人民政府征兵办公室应当为批准服现役的应征公民办理入伍手续，开具应征公民入伍批准书，发给入伍通知书，并通知其户籍所在地的户口登记机关。新兵自批准入伍之日起，按照规定享受现役军人有关待遇保障。新兵家属享受法律法规规定的义务兵家庭优待金和其他优待保障。

县、自治县、不设区的市、市辖区人民政府征兵办公室应当为新兵建立入伍档案，将应征公民入伍批准书、应征公民政治考核表、应征公民体格检查表以及国防部征兵办公室规定的其他材料装入档案。

第三十二条 县级以上地方人民政府可以采取购买人身意外伤害保险等措施，为应征公民提供相应的权益保障。

第三十三条 已被普通高等学校录取或者正在普通高等学校就学的学生，被批准服现役的，服现役期间保留入学资格或者学籍，退出现役后两年内允许入学或者复学。

第三十四条 在征集期间，应征公民被征集服现役，同时被机关、团体、企业事业组织招录或者聘用的，应当优先履行服兵役义务；有关机关、团体、企业事业组织应当支持其应征入伍，有条件的应当允许其延后入职。

被批准服现役的应征公民，是机关、团体、企业事业组织工作人员的，由原单位发给离职当月的全部工资、奖金及各种补贴。

第六章　交接运输新兵

第三十五条　交接新兵采取兵役机关送兵、新兵自行报到以及部队派人领兵、接兵等方式进行。

依托部队设立的新兵训练机构成规模集中组织新兵训练的，由兵役机关派人送兵或者新兵自行报到；对政治、身体条件或者专业技能有特别要求的兵员，通常由部队派人接兵；其他新兵通常由部队派人领兵。

第三十六条　在征兵开始日的15日前，军级以上单位应当派出联络组，与省级人民政府征兵办公室联系，商定补兵区域划分、新兵交接方式、被装保障、新兵运输等事宜。

第三十七条　由兵役机关送兵的，应当做好下列工作：

（一）省级人民政府征兵办公室与新兵训练机构商定送兵到达地点、途中转运和交接等有关事宜，制定送兵计划，明确送兵任务；

（二）征集地的县、自治县、不设区的市、市辖区人民政府征兵办公室于新兵起运前完成新兵档案审核并密封，出发前组织新兵与送兵人员集体见面；

（三）新兵训练机构在驻地附近交通便利的车站、

港口码头、机场设立接收点，负责接收新兵，并安全送达营区，于新兵到达营区 24 小时内与送兵人员办理完毕交接手续。

第三十八条 由新兵自行报到的，应当做好下列工作：

（一）县、自治县、不设区的市、市辖区人民政府征兵办公室根据上级下达的计划，与新兵训练机构商定新兵报到地点、联系办法、档案交接和人员接收等有关事宜，及时向新兵训练机构通报新兵名单、人数、到达时间等事项；

（二）县、自治县、不设区的市、市辖区人民政府征兵办公室书面告知新兵报到地点、时限、联系办法、安全要求和其他注意事项；

（三）新兵训练机构在新兵报到地点的车站、港口码头、机场设立报到处，组织接收新兵；

（四）新兵训练机构将新兵实际到达时间、人员名单及时函告征集地的县、自治县、不设区的市、市辖区人民政府征兵办公室；

（五）新兵未能按时报到的，由县、自治县、不设区的市、市辖区人民政府征兵办公室查明情况，督促其尽快报到，并及时向新兵训练机构通报情况，无正当理由不按时报到或者不报到的，按照有关规定处理。

第三十九条 由部队派人领兵的，应当做好下列工作：

（一）领兵人员于新兵起运前7至10日内到达领兵地区，对新兵档案进行审核，与新兵集体见面，及时协商解决发现的问题。县、自治县、不设区的市、市辖区人民政府征兵办公室于部队领兵人员到达后，及时将新兵档案提供给领兵人员；

（二）交接双方于新兵起运前1日，在县、自治县、不设区的市、市辖区人民政府征兵办公室所在地或者双方商定的交通便利的地点，一次性完成交接。

第四十条 由部队派人接兵的，应当做好下列工作：

（一）接兵人员于征兵开始日前到达接兵地区，协助县、自治县、不设区的市、市辖区人民政府征兵办公室开展工作，共同把好新兵质量关；

（二）县、自治县、不设区的市、市辖区人民政府征兵办公室向部队接兵人员介绍征兵工作情况，商定交接新兵等有关事宜；

（三）交接双方在起运前完成新兵及其档案交接。

第四十一条 兵役机关送兵和部队派人领兵、接兵的，在兵役机关与新兵训练机构、部队交接前发生的问题以兵役机关为主负责处理，交接后发生的问题以新兵训练机构或者部队为主负责处理。

新兵自行报到的，新兵到达新兵训练机构前发生的问题以兵役机关为主负责处理，到达后发生的问题以新兵训练机构为主负责处理。

第四十二条 兵役机关送兵和部队派人领兵、接兵的，交接双方应当按照征集地的县、自治县、不设区的市、市辖区人民政府征兵办公室统一编制的新兵花名册，清点人员，核对档案份数，当面点交清楚，并在新兵花名册上签名确认。交接双方在交接过程中，发现新兵人数、档案份数有问题的，应当协商解决后再办理交接手续；发现有其他问题的，先行办理交接手续，再按照有关规定处理。

新兵自行报到的，档案由征集地的县、自治县、不设区的市、市辖区人民政府征兵办公室自新兵起运后10日内通过机要邮寄或者派人送交新兵训练机构。

第四十三条 新兵训练机构自收到新兵档案之日起5日内完成档案审查；部队领兵、接兵人员于新兵起运48小时前完成档案审查。档案审查发现问题的，函告或者当面告知征集地的县、自治县、不设区的市、市辖区人民政府征兵办公室处理。

对新兵档案中的问题，征集地的县、自治县、不设区的市、市辖区人民政府征兵办公室自收到新兵训练机构公函之日起25日内处理完毕；部队领兵、接兵人员当面告知的，应当于新兵起运24小时前处理完毕。

第四十四条 新兵的被装，由军队被装调拨单位调拨到县、自治县、不设区的市、市辖区人民政府兵役机关指定地点，由县、自治县、不设区的市、市辖区人民政府兵役机关在新兵起运前发给新兵。

第四十五条 中央军事委员会后勤保障部门应当会同国务院交通运输主管部门组织指导有关单位制定新兵运输计划。

在征兵开始日后的5日内，省级人民政府征兵办公室应当根据新兵的人数和乘车、船、飞机起止地点，向联勤保障部队所属交通运输军事代表机构提出本行政区域新兵运输需求。

第四十六条 联勤保障部队应当组织军地有关单位实施新兵运输计划。军地有关单位应当加强新兵运输工作协调配合，交通运输企业应当及时调配运力，保证新兵按照运输计划安全到达新兵训练机构或者部队。

县、自治县、不设区的市、市辖区人民政府征兵办公室和部队领兵、接兵人员，应当根据新兵运输计划按时组织新兵起运；在起运前，应当对新兵进行编组，并进行安全教育和检查，防止发生事故。

交通运输军事代表机构以及沿途军用饮食供应站应当主动解决新兵运输中的有关问题。军用饮食供应站和送兵、领兵、接兵人员以及新兵应当接受交通运输军事代表机构的指导。

第四十七条 新兵起运时，有关地方人民政府应当组织欢送；新兵到达时，新兵训练机构或者部队应当组织欢迎。

第七章 检疫、复查和退回

第四十八条 新兵到达新兵训练机构或者部队后，新兵训练机构或者部队应当按照规定组织新兵检疫和复查。经检疫发现新兵患传染病的，应当及时隔离治疗，并采取必要的防疫措施；经复查发现新兵入伍前有犯罪嫌疑的，应当采取必要的控制措施。

第四十九条 经检疫和复查，发现新兵因身体原因不适宜服现役，或者政治情况不符合条件的，作退回处理。作退回处理的期限，自新兵到达新兵训练机构或者部队之日起，至有批准权的军队政治工作部门批准后向原征集地的设区的市级或者省级人民政府征兵办公室发函之日止，不超过45日。

因身体原因退回的，须经军队医院检查证明，由旅级以上单位政治工作部门批准，并函告原征集地的设区的市级人民政府征兵办公室。

因政治原因退回的，新兵训练机构或者部队应当事先与原征集地的省级人民政府征兵办公室联系核查，确属不符合条件的，经旅级以上单位政治工作部门核实，由军级以上单位政治工作部门批准，并函告原征集地的省级人民政府征兵办公室。

第五十条 新兵自批准入伍之日起，至到达新兵训练机构或者部队后45日内，受伤或者患病的，军队医疗机构给予免费治疗，其中，可以治愈、不影响服现役的，不作退回处理；难以治愈或者治愈后影响服现役的，由旅级以上单位根据军队医院出具的认定结论，函告原征集地的设区的市级人民政府征兵办公室，待病情稳定出院后作退回处理，退回时间不受限制。

第五十一条 退回人员返回原征集地后，由原征集地人民政府按照有关规定纳入社会保障体系，享受相应待遇。

需回地方接续治疗的退回人员，旅级以上单位应当根据军队医院出具的证明，为其开具接续治疗函，并按照规定给予军人保险补偿；原征集地人民政府应当根据接续治疗函，安排有关医疗机构予以优先收治；已经参加当地基本医疗保险的，医疗费用按照规定由医保基金支付；符合医疗救助条件的，按照规定实施救助。

第五十二条 新兵作退回处理的，新兵训练机构或者部队应当做好退回人员的思想工作，派人将退回人员及其档案送回原征集地的设区的市级人民政府征兵办公室；经与原征集地的设区的市级人民政府征兵办公室协商达成一致，也可以由其接回退回人员及其档案。

退回人员及其档案交接手续，应当自新兵训练机构、部队人员到达之日起7个工作日内，或者征兵办公室人员到达之日起7个工作日内办理完毕。

第五十三条 原征集地的设区的市级人民政府征兵办公室应当及时核实退回原因以及有关情况，查验退回审批手续以及相关证明材料，核对新兵档案，按照国家和军队有关规定妥善保存和处置新兵档案。

原征集地的设区的市级人民政府征兵办公室对退回人员身体复查结果有异议的，按照规定向指定的医学鉴定机构提出鉴定申请；医学鉴定机构应当在5个工作日内完成鉴定工作，形成最终鉴定结论。经鉴定，符合退回条件的，由原征集地的设区的市级人民政府征兵办公室接收；不符合退回条件的，继续服现役。

第五十四条 对退回的人员，原征集地的县、自治县、不设区的市、市辖区人民政府征兵办公室应当注销其应征公民入伍批准书，通知其户籍所在地的户口登记机关。

第五十五条 退回人员原是机关、团体、企业事业组织工作人员的，原单位应当按照有关规定准予复工、复职；原是已被普通高等学校录取或者正在普通高等学校就学的学生的，原学校应当按照有关规定准予入学或者复学。

第五十六条 义务兵入伍前有下列行为之一的，作退回处理，作退回处理的期限不受本条例第四十九条第一款的限制，因被征集服现役而取得的相关荣誉、待遇、抚恤优待以及其他利益，由有关部门予以取消、追缴：

（一）入伍前有犯罪行为或者记录，故意隐瞒的；

（二）入伍前患有精神类疾病、神经系统疾病、艾滋病（含病毒携带者）、恶性肿瘤等影响服现役的严重疾病，故意隐瞒的；

（三）通过提供虚假入伍材料或者采取行贿等非法手段取得入伍资格的。

按照前款规定作退回处理的，由军级以上单位政治工作部门函告原征集地的省级人民政府征兵办公室进行调查核实；情况属实的，报军级以上单位批准后，由原征集地的县、自治县、不设区的市、市辖区人民政府征兵办公室负责接收。

第八章 经费保障

第五十七条 开展征兵工作所需经费按照隶属关系分级保障。兵役征集费开支范围、管理使用办法，由中央军事委员会机关有关部门会同国务院有关部门制定。

第五十八条 新兵被装调拨到县、自治县、不设区的市、市辖区人民政府兵役机关指定地点所需的费用，由军队被装调拨单位负责保障；县、自治县、不设区的市、市辖区人民政府兵役机关下发新兵被装所需的运输费列入兵役征集费开支。

第五十九条 征集的新兵，实行兵役机关送兵或者新兵自行报到的，从县、自治县、不设区的市、市辖区新兵集中点前往新兵训练机构途中所需的车船费、伙食费、住宿费，由新兵训练机构按照规定报销；部队派人领兵、接兵的，自部队接收之日起，所需费用由部队负责保障。军队有关部门按照统一组织实施的军事运输安排产生的运费，依照有关规定结算支付。

第六十条 送兵人员同新兵一起前往新兵训练机

构途中所需的差旅费，由新兵训练机构按照规定报销；送兵人员在新兵训练机构办理新兵交接期间，住宿由新兵训练机构负责保障，伙食补助费和返回的差旅费列入兵役征集费开支。

第六十一条 新兵训练机构或者部队退回不合格新兵的费用，在与有关地方人民政府征兵办公室办理退回手续之前，由新兵训练机构或者部队负责；办理退回手续之后，新兵训练机构或者部队人员返回的差旅费由其所在单位按照规定报销，其他费用由有关地方人民政府征兵办公室负责。

第六十二条 义务兵家庭优待金按照国家有关规定由中央财政和地方财政共同负担，实行城乡统一标准，由批准入伍地的县、自治县、不设区的市、市辖区人民政府按照规定发放。

县级以上人民政府征兵办公室应当向本级财政、退役军人工作主管部门提供当年批准入伍人数，用于制定义务兵家庭优待金分配方案。

第九章 战时征集

第六十三条 国家发布动员令或者国务院、中央军事委员会依法采取国防动员措施后，各级人民政府和军事机关必须按照要求组织战时征集。

第六十四条 战时根据需要，国务院和中央军事委员会可以在法律规定的范围内调整征集公民服现役的条件和办法。

战时根据需要，可以重点征集退役军人，补充到原服现役单位或者同类型岗位。

第六十五条 国防部征兵办公室根据战时兵员补充需求，指导县级以上地方人民政府征兵办公室按照战时征集的条件和办法组织实施征集工作。

第六十六条 应征公民接到兵役机关的战时征集通知后，必须按期到指定地点参加应征。

机关、团体、企业事业组织和乡、民族乡、镇的人民政府以及街道办事处必须组织本单位和本行政区域战时征集对象，按照规定的时间、地点报到。

从事交通运输的单位和个人，应当优先运送战时征集对象；其他组织和个人应当为战时征集对象报到提供便利。

第十章 法律责任

第六十七条 有服兵役义务的公民拒绝、逃避兵役登记的，应征公民拒绝、逃避征集服现役的，依法给予处罚。

新兵以逃避服兵役为目的，拒绝履行职责或者逃离部队的，依法给予处分或者处罚。

第六十八条 机关、团体、企业事业组织拒绝完成征兵任务的，阻挠公民履行兵役义务的，或者有其他妨害征兵工作行为的，对单位及负有责任的人员，依法给予处罚。

第六十九条 国家工作人员、军队人员在征兵工作中，有贪污贿赂、徇私舞弊、滥用职权、玩忽职守以及其他违反征兵工作规定行为的，依法给予处分。

第七十条 违反本条例规定，构成犯罪的，依法追究刑事责任。

第七十一条 本条例第六十七条、第六十八条规定的处罚，由县级以上地方人民政府兵役机关会同有关部门查明事实，经同级地方人民政府作出处罚决定后，由县级以上地方人民政府兵役机关、发展改革、公安、卫生健康、教育、人力资源社会保障等部门按照职责分工具体执行。

第十一章 附 则

第七十二条 征集公民到中国人民武装警察部队

服现役的工作，适用本条例。

第七十三条 从非军事部门招收现役军官（警官)、军士（警士）的体格检查、政治考核、办理入伍手续等工作，参照本条例有关规定执行。

第七十四条 本条例自2023年5月1日起施行。